# Manual para sobrellevar el fin del mundo

ÆREA | *carménère*

Andrea Aguirre

# Manual para sobrellevar
# el fin del mundo

861   Aguirre, Andrea
A     Manual para sobrellevar el fin del mundo
      / Andrea Aguirre -- Riells i Viabrea : RIL
      editores-Ærea | Carménère, 2025.

         96 pág. ; 23 cm.

         ISBN: 978-84-10248-49-6

      1 POESÍA ESPAÑOLA. 2 LITERATURA ESPAÑOLA.

ÆREA | *carménère*

Serie fundada por Eleonora Finkelstein y Daniel Calabrese
Edición al cuidado de Paco Najarro

MANUAL PARA SOBRELLEVAR EL FIN DEL MUNDO
Primera edición: abril de 2025

© Andrea Aguirre, 2025

© Ærea, 2025

Un sello de RIL® editores
SEDE SANTIAGO DE CHILE: Los Leones 2258 • CP 7511055 Providencia
☎ (56) 22 22 38 100 • ril@rileditores.com • www.rileditores.com

SEDE VALPARAÍSO • valparaiso@rileditores.com

SEDE ESPAÑA • europa@rileditores.com

Composición e impresión: RIL® editores
Diseño de colección: Marcelo Uribe Lamour
Imagen de portada: *Calma*, Anna Pownall
Fotografía de solapa: Juan Marqués

Impreso en España • *Printed in Spain*

ISBN: 978-84-10248-49-6
Depósito Legal: GI 622-2025

*A Luna/Leo y Leo/Luna,*
*que no nacieron,*
*pero existen*

*A Rubén,*
*por ser*
*el hilo que cose*
*la intimidad y la lluvia*

¿Cuántos minutos de existencia
hasta alcanzar
la última medianoche
en el Reloj del Apocalipsis,
en el que el tiempo es solamente
un aviso
y nadie sabe calcular con precisión
el movimiento inevitable
de sus manecillas?
Tal vez,
lo único que nos queda
es el gesto sublime de los cisnes,
y simplemente cantar mudos a los árboles
y a todos los escombros que habitamos
en el foso desvalido
de la esperanza.

LEE W. MORRISEY
(TRADUCCIÓN: J. HIDALGO CARABALLO)

# Capítulo i:

# Instrucciones para cantar a los árboles

*Et nous voici plus bas et plus haut que jamais.*

PAUL ÉLUARD

*By Chilvaries as tiny,*
*A Blossom, or a Book,*
*The seeds of smiles are planted —*
*Which blossom in the dark.*

EMILY DICKINSON

I

Pertenecemos a una era de místicas extrañas.
Ninguna música parece tan precisa como aquella que
    cantaban los lobos
en mitad del verano húmedo de los claros del bosque.

Esta tierra añeja me arropa como arrullo de madre nocturna:
como fuera de un tiempo de espejismos la hoguera
prende los cuerpos y las ausencias se desvanecen.

Esta tierra verdor,
fronda del valle de las infancias de vacaciones.
Volveré a los ramajes de los inviernos perdidos
en tus huellas de cal y mis tropiezos de risa torpe y reservada.

Pertenezco a una tierra que sabe del incienso y de las
    palabras oscuras.
Mirad esta piel que me dibuja como isla de musgo y de sal.
Animal amansado en la cuna de cada final de partida,
en las raíces de los castaños y de los pinos.

Solo podría en este espacio aire dormir serenamente
en el regazo firme y aterido de las piedras.

2

Este perro flaco de mis canciones
observa como suplicando algo, no sé qué.
Se lame cicatrices y se remueve en su camita de rastrojo.

Aúlla a alguna parte, no sé a dónde.
Busca entre los bártulos de la cocina y entre la ropa sucia
y entre los restos de mis palabras derrotadas.

Ladra a los hombres que vienen con flores.
Muerde los escombros despoblados de las antiguas
    madrigueras.

Mira las fotos del pasado, no sé a quién,
rebuscando los huesos para enterrar en el jardín.

Lo acaricio, perro flaco, amado como las viejas heridas.
Confidente leal de las horas de penumbra
y extrañamiento.

## 3

Afuera el polen se condensa y no me importa.
Todo cuerpo merece algo de luz
a pesar de equivocarse los pulmones
respirando un aire oxigenado y nítido.

Aquí,
los sueños por las noches tienen olas
y por el día saben a salitre.
He olvidado fácilmente que una vez,
en algún momento inmemorial,
la muerte fue una alternativa demasiado confortable.

Al coraje de los turbios le planto cara con el tacto
de mi piel erizada al leer un poema.
O creéis que es sencillo vivir bajo el chantaje
de las neuronas espejo y los vaivenes químicos.
Probad a caminar doscientos metros
con un elefante de plomo atado a la cintura.
Probad a camuflar el dolor crónico
infiltrado en cada célula.

La fatiga es la expresión
de una lucha encarnizada de estímulos
disputando su lugar en este cuerpo
que precisa restaurarse en su burbuja propia.

Probad a respirar y que el aire sepa agrio
y corrosivo.

Probad a atravesar sin un traje de astronauta
las llanuras encarnadas de Marte.

4

Recuerdo desear el fin del mundo
cuando aún no sabía resolver ecuaciones de primer grado
ni había memorizado de forma obsesiva
cada elemento de la tabla periódica.

Pensaba en cómo sería el universo sin el horror.

Pensaba también en mi propia inexistencia
y tenía un agradable sabor ácido,
como el de mis golosinas predilectas de regaliz rojo
cubiertas con polvo de picapica.

Sería tanto alivio no sentir sobre el cerebro
el peso de las cosas,
caminar con ligereza entre la nada,
destejiendo todo resto abandonado
de destino,
con una memoria interrumpida, cándida
e impecable,
y con una inercia reciente de
no ser,
no preguntar,

no tener que malvivir entre fobias y artificios,

no tener que saldar cuentas con todas las verdades,
con los verdugos,

con la culpa.

5

Desciende

a la hondura subterránea del origen,
nútrete del magma esencial
y purga el temor con el jugo primigenio de los manantiales
en la espesura natural de los bosques,
en su frondosa sustancia.

Somos las hijas de la Venus de Willendorf
y en esta maleza yacen
sus senos devorados por las llamas
de todas las hogueras.

Escarba en la arcilla hasta alcanzar
las raíces vigorosas de los robles,
construye en su urdimbre tu madriguera fértil
de semillas.

No respondas a los roncos graznidos de los buitres,
ellos
no veneran con nobleza nuestras victorias,
en el calor del sustrato
no tienen dominio los depredadores.

Teje tu hercúlea tela de araña
sin disculpa y sin pudor.

Desciende
a la cúspide del ser
sin la ficticia rémora
de una sola costilla arrebatada.

En la corteza profunda
la carne del bulbo es la linfa
de una existencia indoblegable.

Desciende
a lo profundo de la tierra
para ascender
a este nuevo paraíso
sin el gravamen tramposo de la servidumbre.

Solamente en el limo, en lo hondo
de todas las raíces matriciales,
en el nervio trenzado con el germen de nuestra pulpa,
seremos, al fin, plenamente libres.

6

Aquellos hilos de la soga imperceptible
que me asfixiaba brutal como a Desdémona las manos
    de Otelo
quedaron inmutables y los guardo
en un cajón con llave de la habitación más oscura.

Necesito atesorarlos como joyas de herencia
con el cuidado que merecen los actos que nos han dado
    forma.

Los custodio con el esmero de un perro guardián ante
    la tumba de su amo,
y es esta vigilia una sombra en el viaje
que me resguarda de las piedras disfrazadas de humo
    y lluvia fina,
y preserva un porvenir sin la pendiente de Sísifo,
sin la condena de existir como los bueyes de carga.

Estos hilos descosen con la destreza precisa de la abeja
cada tramo forjado a golpe de conjura,
suturan con pujanza
las heridas que brotan sin consentimiento,
que las antiguas ya son cicatriz
en la despensa en la que encierro al leviatán
derrotado.

7

Como un personaje pintoresco
de una película de Rohmer
paseas sin un rumbo sostenido
bajo un atardecer bañado de incertidumbre.

Necesitas rescatar en algún rincón de tu garganta
esas minúsculas tamborileras líquidas
que en la ventana siempre estorban el reposo
cuando el cielo se derrama fulminante
sin excusas ni pronósticos útiles.

El olor de la tierra mojada es garantía
de sentirse parte de este mundo inconsistente,
que a pesar de sus rabietas infantiles
guarda cofres enterrados en la piel.

No cesas de buscar la primavera que se oculta
en cada borde abrupto de los precipicios,
y te aterra la caída en la caverna
en la que ya no importe acurrucar las cicatrices
de la memoria itinerante de las nubes.

Como un flâneur equivocado de ciudad
languidece tu mirada perdida en los muros.

Si no es la resonancia sosegada de la luna
que amanece recostada y dichosa en tu regazo,
dime, astuto viajero de la huida,
¿quién podría salvarte de la pérdida?

8

Solo puedo escribir las palabras más tristes esta noche.

Escribir, por ejemplo, que mi vientre aún no cicatriza,
que el vacío le devora poco a poco la sangre,
cada vez más escasa, a las puertas
de la expulsión del último óvulo fosilizado.

Puedo escribir, por ejemplo, que nada sabía Neruda
de la verdad de los cuerpos desnudos,
aquellos que alojan el vacío
y las heridas más robustas y amargas,
cuerpos como ciénagas frágiles,
desechados como despojos de terrenos infecundos
a los que nadie enseñará a remendar
todos los destrozos que persisten
después de desprenderse del pedazo
más amado de sí mismos.

Puedo escribir, por ejemplo,
que ni siquiera nosotras sabemos cómo llora
cada útero después de la tragedia,
que tal vez habría sido mejor hablar
para calmar cada calambre en las tripas
y cada impacto en la psique, o tal vez no,
tal vez decir no habría sido suficiente.

Puedo escribir palabras
o puedo persistir en el mutismo
como dice aquella norma que todas imitamos sin preguntas
porque suceden las desgracias naturales

—no lo anuncies antes de alcanzar
el segundo trimestre—.

Pero entonces,
quién sabrá de vuestra leve existencia
en una línea minúscula del tiempo,
de todos los planes, de las listas, de los insomnios,
de la alegría indecible por las dos rayitas rosas,
del sollozo estrangulado por las dos ecografías malogradas.

Quién sabrá que alguna vez fui madre en proyecto,
que hubo incluso días de gozo exorbitante,
que vosotros existís porque tuvisteis un nombre.

Quién sabrá, entonces,
si no escribo estas palabras tristes.

¿Acaso el silencio pudo alguna vez
aliviar el dolor con la firmeza templada de un abrazo?

Puedo escribir las palabras más tristes
esta noche.

Puedo escribir.

Por eso escribo.

## 9

A través de esta espesura que condensa
cada remembranza fatídica
he forjado poco a poco la silueta voluble
de mi memoria.

Construyo con delirio los cimientos
de una nueva efigie perdurable
que reza noblemente
a la insignificancia.

Atrás quedaron las noches de suplicio
intentando sin acierto
conmover a las piedras.

En este éxodo gradual de languidez
alumbra mi albedrío instrucciones insólitas
para cantar a los árboles.

Tan temeraria es esta forma de presagio
que ni siquiera los valientes se aventuran
a despojar esta canción de su osadía:
el descaro
de mirar de frente al precipicio
y burlarse de él abiertamente
para engendrar los puentes vigorosos
que cada nuevo día que alborea
me salvan con eficacia
del implacable derrumbe
de la fortuna.

INSTRUCCIONES:

Del lat. *instructio, -ōnis.*

*f. pl.* Conjunto de palabras, sortilegios o cánticos en el que predominan las disposiciones utópicas o hipotéticas para el cumplimiento de una actividad imaginaria.

CANTAR:

Del lat. *cantāre.*

*intr.* Dicho de una persona: Producir con o sin la voz sonidos irracionales que resuenan dentro o fuera de la cabeza, formando palabras con o sin sentido aparente, de forma rítmica y sin finalidad precisa.

ÁRBOLES:

Del lat. *arbor, -ŏris.*

*m. pl.* Conjunto de plantas de tallo leñoso, agradable y prominente y raíces profundas y evocadoras que se ramifica de forma generosa a cierta altura del suelo para elevar la mirada de quienes los observan danzar al ritmo variable de las diferentes tipologías de viento.

(EXTRAÍDO DEL NUEVO DICCIONARIO DE LA INCERTIDUMBRE, VVAA, 3ª EDICIÓN REVISADA Y AMPLIADA)

Reloj del Apocalipsis:

Es un reloj simbólico que fue creado por el *Bulletin of the Atomic Scientists* de la Universidad de Chicago como alerta del peligro nuclear. En su singular analogía, la especie humana está siempre a unos minutos de la medianoche, representando esta la destrucción total de la humanidad. A la alerta nuclear se han ido sumando a lo largo de las últimas décadas otras amenazas como el cambio climático o el peligro del mal uso de las nuevas tecnologías y del desarrollo científico, que podrían causar daños irreparables. El reloj se actualiza acercando o alejando sus ficticias manecillas a la hora final según los peligros reales de cada momento histórico.

Numerosos artistas, escritores y músicos han hecho alusión a este peculiar símbolo apocalíptico en sus obras, aunque fue Lee W. Morrisey quien desarrolló el más célebre ciclo de poemas alegóricos sobre el tema, en el que abordó la cuestión de la inevitabilidad de la catástrofe y el empeño de los seres humanos por aferrarse a la esperanza de una inmortalidad irrealizable, generando con este vano objetivo la vía más rápida hacia la autodestrucción. En su denuncia lírica, Lee W. Morrisey defendió como única posibilidad de salvación la construcción de un nuevo paradigma utópico en el que la confirmación de la teoría del multiverso eliminaría toda posibilidad de inexistencia. Asimismo, este ciclo de poemas sirvió como inspiración a diversos autores para crear numerosas piezas teatrales, tres novelas, un filme experimental, cuarenta y siete obras pictóricas y una ópera rock.

(Extraído de la Nueva Enciclopedia de la Incertidumbre, VVAA)

# Capítulo ii:

## En este otro Lugar del multiverso

*If the moon smiled, she would resemble you.*
*You leave the same impression*
*Of something beautiful, but annihilating.*

Sylvia Plath

*Sobre la arena trazo con mis dedos una doble línea*
*interminable como señal de la infinita duración*
*de este sueño.*

José Ángel Valente

I

Existen universos simultáneos que conviven,
lo juro,
en este espacio aciago de esperanzas compartidas.

Entre ellos, uno tiende a la perfección exacta de los círculos
o de los números que cuentan la belleza natural de todas
las cosas.

Existe este universo, lo juro,
he visto la cadencia de sus ondulaciones orgánicas.

Pero todo lo que existe necesita ser nombrado para ser
percibido.

Por tanto, a este universo, que espera con ansia ser
manifestado,
llamémoslo, en este instante,

Lugar.

Mis bebés-cigoto latieron alguna vez
en mis entrañas.
Brotaron
en un futuro alternativo.

Posiblemente,
si es cierta la teoría del multiverso,
Luna está ya aprendiendo a leer.
Se sabe todas las letras
y me pide que leamos juntas algún cuento
cada noche antes de dormir.
Haz las voces, mamá, haz las voces,
con su risa finita
que se escurre en un átomo.

Y Leo, es probable,
ya juega con puzles de cartón
y pinta con los dedos en las paredes blancas
de los pasillos.
Pero ¿qué has hecho, Leo?
Mamá, mira, son castillos mágicos
donde nadie se muere nunca
y los helados son siempre de chocolate.

Si es cierta esta teoría,
Luna y Leo quizá sueñan
que existe un Lugar en el que sea posible
tener dos madres análogas.
Quizá un Lugar en el que existan
sus ojillos vivaces

y el montón de dibujos desordenados
sobre la mesa.

Si es verdad esta teoría,
si existe ese Lugar en otro universo,
al menos, solamente una vez,
por qué no poder soñarlo
para besar sus frentes suaves
y leerles un cuento
de buenas noches.

3

Crepitan las centellas de un Lugar
que se pierde en la memoria.

El camino que buscas
no lo encontrarás aquí,
en este espacio retráctil de losas espectrales.

¿Y si el Lugar existe en un plano universal cuyo puente
se cruza mientras dormimos?

A veces os he visto, lo juro,
tan cerca que traje de vuelta el olor pegado en la piel
como un perfume que no se agota nunca.

Estabais todos allí, alrededor de la hoguera,
cantando como cantaban las cigarras
en aquellos veranos remotos de sosiego.

El tiempo apresado en una gota de agua,
todos jugando a la vida,
sin normas, sin pérdidas, sin trampas
que desenmascarar.

El verde era verde de montaña y la luz
era luz de mediodía a la sombra
del árbol milenario junto a nuestra casa.

Las raíces arropaban a los más pequeños.
Entre las ramas retozaban los adultos.

Se escuchaba un silbido de brisa cantora
y toda la sal de la tierra se respiraba con los labios.

Los frutos que ofrendaban los campos sabían a la belleza
    de la bruma
y crecían también dentro de nosotros.

Este Lugar es una isla incorpórea,
imposible que esta senda no exista.

Real como el poema que escribo es esta dimensión
    equivalente
en la que un gato vive y muere a la vez dentro de una caja
    sellada,
pero solo ocurre así si no lo observas.

El Lugar existe, os lo juro.

He cruzado su frontera cerrando los ojos y abriendo
    el sentido
de lo ilógico.

Estábamos todos devorando la vida.
Estábamos todos bebiendo del banquete ancestral
    de la intrahistoria.

Estábamos todos,
lo juro.

Abrí los ojos y supe la razón de la certeza.
Este Lugar es real,

es real.

Tan real
como el poema que ahora escribo.

4

En este Lugar multiversal no escuecen las heridas.

El agua brota alegre de los caminos de cuarzo
y todos los sonidos se parecen
a la armonía balsámica de las Gymnopédies.

Borges se habría deleitado en estas bibliotecas
con forma de espiral que nunca se acaba.

El ojo del Uróboro cuelga en las paredes
de todos los hogares
y en los periódicos, los pasatiempos
siempre vienen en portada.

Si cierras bien los ojos puedes ver todas las cosas
que nunca llegaron a suceder
y si dices su nombre, al abrirlos,
podrás palpar lo imaginario
en una realidad imponderable
de creación espontánea.

En este Lugar ocurre Todo.

No hay manera de escribirlo,
ni de avistar sus confines
desde este plano material de la existencia.

Quizá consigáis, alguna vez,
soñar con sus paisajes utópicos.

Pero no traspasaréis jamás la puerta
sin abrir en canal vuestra memoria
y esparcir cada fragmento malparado
en una sola gota lúcida de sangre,

aquella que contiene una espesura sedosa,
el milagro que derrama toda vida
sobre esta blancura tan terrible
del espacio que mora en la tragedia.

En algún Lugar, mi vientre está gestando un nuevo mundo
en el que nunca deslicé mi piel temblorosa
hasta lo alto de la camilla de un quirófano extraño.

Normalmente en estos sitios se deshacen con cuidado las
        dolencias,
se laceran las carnes para sanar las desgracias,
y ya veis, yo yacía solamente en una tumba de mártires
para ser extirpado de mi entraña el cadáver exiguo
        y humillado
de un porvenir ya inexistente.

En algún Lugar, nunca me fueron succionados los bulbos
        de mi cuerpo;
el germen de fortuna nos dio paso a los días de abundancia,
al origen venerado
de la creciente materia del instinto.

Yo veía los quirófanos antaño como zonas de ciencia y de
        horizontes,
espacios colmados de innumerables futuros posibles
en las manos prodigiosas de este empeño humano
        por la vida.

Yo entré en un quirófano con el útero colmado de sustancia;
y, sin embargo, los médicos sostienen que aquello eran
        solo restos insignificantes.

Ni toda la anestesia de la bolsa pudo obviar ese dolor
        de trance orgánico,

el tránsito forzoso a una matriz vacía,
abrir los ojos y saber que solo sangre germinaba
    derramándose
desde el antiguo refugio de un amor ilimitado
e ignoto.

6

En algún Lugar, el continuo espacio-tiempo
(con)tiene una forma en curvatura
que alberga los múltiples sentidos versales
de la inexistencia;

en el que toda sustancia se transforma en certidumbre
invocando el gesto originario
que devuelve al verbo arcaico a través de un conjuro
    matricial
el poder engendrador de los nombres;

y repito las palabras en un trance
que rebasa todo resto de materia visible;

y repito las palabras como un mantra

– Luna – Leo – Luna – Leo –

al filo de esta lúcida locura
que me salva de ser aniquilada
por la garra brutal que alimenta
la rabia que desborda
el vacío.

En este otro Lugar del multiverso,
papá,
juegas con el espíritu distraído de los árboles,
y Luna y Leo ríen a carcajadas al verte rodar por la colina
con tu viejo disfraz de payaso triste.

En este Lugar nunca estalló tu hígado infestado
    de vergüenza,
nunca sostuve tu mano de escarcha en una cama
    de hospital
mientras tu aliento cedía y tus latidos,
cantando tan frágiles y tenues,
se espaciaban hasta cruzar ese silencio acusador
anudado para siempre a mi memoria.

Y cómo sientes aquí la alegría tumultuosa de las fiestas
    anuales
rodeado por todos tus nietos
que corretean con euforia inocente ante tus ojos,
papá,
—dejad que los niños se acerquen a mí—.

En este Lugar no existe tu recuerdo agrietado
ni los gritos febriles de las borracheras.

Nunca enfermaste de culpa y de cobardía,
papá,
en este Lugar, supiste
escuchar abiertamente a los insectos,
supiste cómo amar dejando a un lado los genes
que amenazan con ciclotimias y adicciones impuestas.

En este otro Lugar del multiverso,
fui capaz de salvarte,
papá,

solamente con el eco tibio de las nubes sobre tu rostro,
papá,

solamente con el acto
suplicante
de escribir
este poema.

8

Leo tiene los pies de arcilla.
Se moldea los dedos hasta la garra
para escalar el árbol
y tocar el nido
en lo alto de la copa.

La raíz es tan profunda que atraviesa
la mitad de esta parte de mundo
y las ramas, en simetría,
pellizcan a los pájaros
en pleno vuelo.

Observo cómo Leo sube por el tronco,
ágil como una ardilla de mofletes
redondeados
—mira, se parece tanto
a su padre—.

En la cima juega con el viento
y con las hojas secas que caen
sobre mi rostro,

y canta con su voz ligera
en un lenguaje íntimo,
balbuceante,
casi como un latido,
una danza tribal
a las semillas sin nombre,

y me mira con ojillos de luciérnaga

y lanza un grito
en lo alto,
en la cumbre-árbol-montaña,

mamá, no tengas miedo,
en este Lugar
no existen las caídas.

9

Luna tiene los ojos de mi madre,
enormes y despiertos,
como si quisieran absorber el mundo
de un solo vistazo.

En el colegio se aburre haciendo sumas y restas,
pero disfruta a lo grande
cuando hay que aprender nuevas palabras.

Tiene un cuaderno donde anota sus preferidas
y las repite en voz alta en cualquier sitio,
en cualquier momento,
siempre que apremia la necesidad de decir
—y es imposible reprimir una voz franca
que solo quiere conocer el lenguaje de las cosas—.

¡Ornitorrinco!, repite una y otra vez
de camino a la frutería.

¡Baobab!, canta con parsimonia
mientras se ata los zapatos.

¡Existencia!, recita en un susurro
cuando mira las nubes bailando con el viento.

Luna se ríe y parece un dibujo animado,
casi como si no fuese real
su movimiento tan ingrávido y sutil.

Al acostarse me da un beso y me dice
mamá, no tengas miedo,

en este Lugar
no existen los monstruos,
y se duerme en su camita de bruma
y yo abro los ojos entonces
y nada existe,
nada es,

solamente las palabras
permanecen.

LUGAR:

De *logar*.

1. *m.* Porción de espacio indefinido en el que el tiempo circula en ambas direcciones y la realidad se presenta simultáneamente a las palabras que la designan.

2. *m.* Sitio o paraje sensitivo en el que ocurren todas las cosas imaginadas a modo de refugio interior o zona de salvamento en caso de necesidad de evasión del plano de existencia material.

MULTIVERSO:

1. *m.* Término utilizado para designar el conjunto de los infinitos planos de existencia según la teoría que confirma que existen universos múltiples alternativos al que habitamos. La estructura del multiverso y su naturaleza depende de la mirada interna de cada observador capaz de cruzar los límites del espacio-tiempo.

2. *m.* Espacio o pasaje en el que conviven múltiples posibilidades en forma de verso sujetas a una cadencia o ritmo indeterminados, generando asimismo un conjunto de realidades inmateriales y alternativas de apariencia o estilo antitético a la prosa.

3. *m.* Generador de existencia.

(EXTRAÍDO DEL NUEVO DICCIONARIO DE LA INCERTIDUMBRE, VVAA, 3ª EDICIÓN REVISADA Y AMPLIADA)

# Capítulo III:
# Conjuros contra el tiempo irremediable

*Escribir es un modo de localizar mi hambre,*
*y el hambre no es sino un vacío.*

Siri Hustvedt

*Huir es regresar eternamente*

Guadalupe Grande

I

Ácida y febril
escribo una nueva geografía del desánimo,
fuga en mí menor,
alabanza ferviente al abandono.

Inicio de los días convulsos
en que el lenguaje me estrangula
y me desahucia
con sus pezuñas tramposas de ecos
y de burlas funestas.

Escribo y escribo una nueva geografía,

una nueva disección
del derrotismo,

una lava volcánica
que cubre feroz la complacencia,

una sádica danza de murmullos
que despojan la verdad de todo argumento.

Escribo y escribo
febril y ácida

una nueva geografía del desánimo,

un teorema de tropos inflexibles
en el fulgor reconfortante
de la huida.

2

Si cada día escribiera una voz nueva
con mi lengua tenue y diminuta
tal vez
los ecos de las páginas
que abandoné en las viejas pesadumbres
regresen al hogar como poetas
retornados del exilio.

El cabello plateado de su tinta
alumbrará mi memoria
venidera.

3

Este Libro que me late muy vivo en lo hondo
y resuena como lluvia torrencial
cayendo sobre los tejados
hiere como el ácaro de polvo al alérgico,
microscópicamente,

y se inflaman las urdimbres de la memoria
—no servirá de nada
un antihistamínico—,

como púas danzarinas alojadas
en el sistema parasimpático,
hieren estas páginas
que brotan como tallo de habichuela
adentrándose en lo húmedo
y en lo desértico.

Libro que desmaya los pulmones
con los márgenes colmados de huidas.

Este Libro todo que me envuelve con súplica
rompe el ritmo de
mis huellas
sin un surco como muestra distintiva de escape.

Hiere
como Libro enquistado,
como lipoma profundo
en la víscera,
como Libro que ruge

hiere,
como Libro que roe,
que desguaza,

como Libro que hiere
atraviesa, emancipa,
deconstruye,

hiere,
como Libro que salva.

4

Los poetas tendemos a la hipérbole
en la vida cotidiana.

Libros como hombres y mujeres que se exhiben
desnudos en los bosques.

Poesía nutriente como savia que recorre
toda gota de existencia.

Escribir desde una balsa de náufrago,
desde las ruinas de los hechos no vividos.

Tendemos a la hipérbole en los quehaceres del día a día.
Aspiramos en el polvo a nuestros muertos.

Adoramos como a un ídolo de aire
la palabra infinito.

Rezamos a la forma extraordinaria
de las pequeñas cosas.

5

Contraje una grave deuda
con las palabras.

Durante siglos no escribí ni una sola línea
—recordad que los poetas tendemos
a la hipérbole—,
tan escurrida mi materia gris
en su escarpado viaje
al equilibrio.

Esta deuda grave me inquietaba,
ni siquiera el lexatin era capaz de amainar
el oleaje bronco de mis venas.

Amanecí, lo sabéis, con una fiebre implacable
que me rasgaba la piel
de este mutismo estéril,

y cayeron los poemas como copos de nieve compactos,
formando esta capa consistente
de frescura y de asombro.

La duda la saldé, no cabe deuda,
pues rumian mis vigilias
con canciones hipnóticas.

Pero ahora tengo un grave problema
con el silencio.

El zumbido constante en mis oídos
no me permite respirar

la noche
sin robarle a mi cerebro apabullado
las gotitas de quietud
que necesita
para poder descansar.

6

Pero qué más decir después de esta febril lucha
de palabras.

Escribir en la oquedad de la noche inaccesible
—aquí nunca tendremos cortinas—.

Primero pensar sin las imágenes, que el verbo
domine este lenguaje que se resiste
a ser revelado en una boca
que se descubre incapaz
de escupir sin el silencio
contenido
en la lengua.

No soy nada más que una impostora
de lápices derrotados.

7

En este espacio concreto
en el que escribo

—aquí—

yacen mis ganas de creer
en la conjura viva del lenguaje.

Tan amarga mi fe
como incapaz el poema.

8

Devuélvele al río sus piedras
antes de que la lluvia
arrastre consigo el deseo que pediste
mientras jugabas a hacer ondas
en el agua.

Tampoco en este bosque espeso
hallarás la forma misteriosa
de conjurar la materia
que no existe.

9


Y me parece que

—tal vez—

en los momentos más sombríos,

aferrada a una nítida
supervivencia,

escribir
es solamente
mi forma genuina de perdonar,
de perdonaros,

de perdonarme.

CONJURO:

1. *m.* Acción y efecto de conjurar con palabras escritas o recitadas como fórmula mágica para conseguir algo que se desea, se extraña, se imagina o se sueña.

2. *m.* Obra poética de forma y extensión indefinidas.

3. *m.* Súplica fervorosa contenida en un artefacto poético.

TIEMPO:

Del lat. *tempus.*

1. *m.* Magnitud física del plano material de la existencia que permite medir la duración de las cosas y ordenar mental y físicamente la secuencia de los sucesos reales o imaginados.

2. *m.* Condición relativa de una época durante la cual alguien o algo existe en constante transformación y movimiento.

IRREMEDIABLE:

Del lat. *irremediabĭlis.*

1. *adj.* Que no tiene remedio ni modo de invertir sus consecuencias en el plano de existencia material.

2. *adj.* Cualidad de lo real.

(EXTRAÍDO DEL NUEVO DICCIONARIO DE LA INCERTIDUMBRE, VVAA, 3ª EDICIÓN REVISADA Y AMPLIADA)

# Capítulo IV:
## Instrucciones para gritar a los árboles

GRITAR:
Del lat. *quiritāre* '*dar grandes voces*'.

1. *intr.* Levantar la voz a modo de desahogo o demanda de forma literal o metafórica utilizando la garganta, las manos o la palabra escrita con el fin de manifestar un sentimiento de injusticia generado por los contratiempos de la vida y/o la angustia existencial generada por esta.

2. Cuando se realiza la acción en dirección a los árboles se refiere además a una forma específica de cántico en sentido de protesta o disconformidad con una realidad material externa ajena a la voluntad del sujeto que canta.

3. Revelar un misterio íntimo y lanzarlo al universo sin paracaídas.

(EXTRAÍDO DEL NUEVO DICCIONARIO DE LA INCERTIDUMBRE, VVAA, 3ª EDICIÓN REVISADA Y AMPLIADA)

*A hand rules pity as a hand rules heaven;*
*Hands have no tears to flow.*

DYLAN THOMAS


*És en la mort on aprenem de viure*

MIQUEL MARTÍ I POL

I

De este cuerpo quedan solo los estigmas.

La caída a lo profundo desgarró mi voz
con brusquedad
y los brazos
como ramas flácidas de goma
no sujetan
la antigua voluntad de ser raíz.

Ojos como bolas de cristal sin la vidente
que interprete los signos revelados.

Uñas que se clavan en mi propia piel
encarnada por la fiebre y la vergüenza.

Desangrada como un animal indefenso
después de la matanza,
vaciada como el ave que se momifica
para servir como adorno
sobre un aparador envejecido.

No caben ya más cicatrices
en mi entraña de loba malparida.

De este cuerpo
solo queda la maleza,

solo quedan las palabras.

2

Hay un vientrear en la semilla que pienso
cuando trazo conjuros
como bálsamos
que mitigan el verde desafío
de perdonar a mi cuerpo insuficiente.

Un vaivén de ansias deslenguadas
que germinan como pólenes
equivocados.

Albergo en mi seno el vacío
que ha de reconstruir mi plenitud
sin una sola chispa de materia.

Albergo en mi seno
el vacío

que ha de reconstruir
mi plenitud

sin una sola
chispa

de materia.

3

Esta niña que fue isla imperceptible
—casi ausente de los días de costumbres e inercias—
trabajó tan duramente en arrastrarse
sobre el légamo apelmazado y viscoso
del desconsuelo cotidiano,
que ya no existe apenas en el tuétano
de estos huesos leves y quebradizos
ni siquiera un eco de candor,
ni una sola pizca de su mirada risueña.

Esta niña fue una niña triste,
y es tan triste decir esto de una infancia
que rescato de los únicos momentos de alborozo
la luz
que recompone cada pieza extraviada
de este puzle de memoria deconstruida,
para trenzar, con avidez,
sobre cada llaga aún sangrante,
una vasta cicatriz
que cubra con delicadeza
todos los vacíos que colmaron mi horizonte
de esta lejanía que asola los minutos,
esta atroz condena al desamparo
de una inocencia
desahuciada.

4

Escuché tu último latido a través del gimoteo de una
    máquina
que hablaba de constantes vitales y desaliento
pero nada sabía de ti
ni de tus fiebres convulsas de licores insanos.

Eras tú, pero no.
Tu piel helaba mis ojos húmedos, imagen
tan nítida de lo inexorable.

Tubos traslúcidos y sonidos irritantes, y entre ellos
respirabas despacio y silencioso,
soñando quizá por vez última.

Después, la quietud.
Después, el abrazo.
Después, la lágrima que escuece aún sobre la memoria
en carne viva.

Nada le entregaste a tu cuerpo
para ser al final indultado por sus propias células.

Tal vez, si hubieras sabido cómo hacer bailar a las tortugas.
Tal vez,
si el lenguaje hubiera desenrollado
su alfombra de alquimista ante la puerta de tus entrañas
    inflamadas
para salir indemne sobre el suelo tejido con las brasas del
    abandono.

No te pudo salvar ni la poesía, y tú,
que creías que el teatro era la cima más alta,
en tu máscara habitaste como un esclavo fiel de tu tristeza.

Y solo te vi llorar ante una ficción de plástico y artificio.
Y ahora sé que tendrías un mar desbordado entre
    la garganta y los pulmones.

Te di la mano, papá, ojalá sintieras
palpitar mis dedos taciturnos sobre sobre tu piel estática.

Que no estabas solo, ¿lo supiste?
¿Sentiste aquel círculo de apego rodeando la estancia
    nívea?

Ojalá lo supieses.

Ojalá hubieras sabido cómo enhebrar las agujas
para hilvanar tus congojas malheridas y tus falsas rémoras.
Ojalá hubieras sabido que todo te fue perdonado por
    amor puro a tu risa,
porque al final de este huracán que todo lo destruye
se aprende a perdonar encarando el vacío.

Si hubieras estado con nosotras
sabrías que existe otro universo en el que la calma es
    sencilla como un pájaro
y atravesar los bosques más frondosos arrastra consigo
    la culpa
y el temor.

Ojalá lo hubieras sabido.

Ojalá
lo hubieras sabido.

5

Amamantáis a vuestras crías en las redes sociales,
mostráis viva su inocencia,
el crecimiento pausado
de los brotes.

En casa,
también yo observo esa cadencia
de células multiplicándose.

Solo como espectadora
escucho
el clamor de las pisadas
pero nunca será mío
el dolor
de sus caídas.

Solo quedan estas manos nulas
para secar la sangre de mis vísceras rotas
ante esta exhibición violenta
de alegrías atroces
que solo sentiré como un espejo,
nunca
en las entrañas.

Dejad de exigirme cada día
que me abra así en canal, casi a cuchillo,
con esta forma cruel
de indiferencia.

Aún está mi duelo en desarrollo
por esta tierra seca y fragmentada.

Os suplico, como una mendiga del sosiego
en flemático proceso de cura,

no preguntéis nunca más
por esta memoria malherida
de mi cuerpo
inhabitado,

vacío.

6

Mamá,
escuchaste mis latidos
dentro de tu cuerpo.

Bebí de tu leche y de tu sangre,
construiste un refugio de piel blanda
para mi llanto.

Mamá,
jamás sentiré
cómo crece un corazón
dentro de mi vientre.

Mamá,
perdóname
por haberte envidiado
de esta forma tan terrible;
no debe envidiarse así
jamás
a una madre.

Perdóname,
mamá,
por haber deseado robarte
tu nombre.

## 7

Buscar en el vacío de mi vientre
el deseo de un futuro que no existe.

Amarlo como se ama a un animal
de compañía.

Atarlo con la correa,
pasearlo por la calle y por el campo,
para que ejercite sus músculos
cada vez más fibrosos.

Después,
preparar la jeringuilla del silencio.

Acariciarlo suavemente,
con cariño.

Ayudarlo a dormir,
ya sin dolor.

8

Tomo esta sombra en mi mano,
ágil,
como el acertijo tenue del silencio.

Su suavidad de noche limpia me conmueve
y no la domestico.

Hilvano las costuras de sus piezas
ya desgastadas.

Escondida brillaba en mi vientre
una negrura muy tierna.

Cosida la sombra a su cuerpo
ya no devora la carne,
y lo acompaña, leal como un cachorro,
bajo los soles crueles
de abril.

9

Busca la sal de tu rostro
ahora que la bruma
se desliza por debajo de las puertas.

Suceden las horas como rincones ebrios
por cada dosis extra de
lorazepam.

No nos da tregua tu corazón,
tan aferrado
a sus arritmias.

Reposa esas llagas
que golpean tu silencio
hasta volverte mudo.

Escucha esta polifonía
del tren al otro lado de la noche,
las olas
que aguardan ser inhaladas
a trescientos kilómetros
de esta ciudad yerma,
colmada de tensiones
y de excesos.

Espérame
en este atardecer irrespirable
que, juntos,
absolveremos a Chronos y a las Moiras
por robarnos

con su inclemencia inhumana
nuestro pedazo de mar
prometido.

*Las horas son muy largas para quien sobrevive*

GUADALUPE GRANDE

*pero cada camino esconde una esperanza*
*cada noche un alba nueva*
*y ninguno sabréis jamás lo cerca o lo lejos que estaréis del otoño*
*(...)*

*ha de haber un mundo capaz de no incendiarse*

RUBÉN ROMERO SÁNCHEZ

Eres aquello que sangras
y aquello
que silencias.

# ÍNDICE

Este libro se terminó de imprimir
en abril de 2025

**RIL® editores • España**

europa@rileditores.com

Se utilizó tecnología de última generación que reduce
el impacto medioambiental, pues ocupa estrictamente el
papel necesario para su producción, y se aplicaron altos
estándares para la gestión y reciclaje de desechos en
toda la cadena de producción.